HISTOIRE JUNIORS
collection sous la direction
d'Alain Plessis
Maître-assistant à l'Université de Paris-VIII

MAHOMET

Texte de Jean-Marie Le Guevellou
Illustrations de Mohamed Kadda

Hachette
79 bd Saint-Germain 75006 Paris

le tourment

Lorsque **Mahomet** naît, à La Mecque, en 570, son père, un commerçant de la **tribu** des Qoraysh, est mort.
Sa mère confie l'enfant à une nourrice d'un clan nomade. On raconte qu'un jour, dans le désert, deux anges pèsent le jeune Mahomet pour connaître sa valeur. Mille hommes ne faisant pas bouger la bascule, les anges, émerveillés, renoncent à poursuivre la pesée...
Agé de six ans, Mahomet perd sa mère. Orphelin pauvre, il est recueilli par son grand-père, puis par son oncle paternel, Abd Manaf, surnommé **Abou** Talib, dont il garde les troupeaux.
Devenu adulte, Mahomet se fait remarquer par son intelligence, sa bonté et son sens de la mesure.
Alors qu'il a vingt-cinq ans, une riche veuve, Khadidja, l'engage comme caravanier, puis l'épouse. Désormais, Mahomet n'est plus le parent pauvre d'une grande famille.
Par son mariage, il devient un personnage fortuné, et ses qualités lui valent l'estime générale. On le surnomme « Al -amîn », l'homme sûr. Riche, aimé, Mahomet n'est pourtant pas heureux. Certes, Khadidja ne lui donne pas de fils. Mais son tourment, très vif, a d'autres causes : la religion de son temps ne le satisfait pas.
Et la **morale** qui règne à La Mecque choque profondément Mahomet...

Mahomet
C'est ainsi que l'on nomme traditionnellement le Prophète. En fait, on devrait dire « Mohammad ». Cet ouvrage se veut fidèle à la tradition religieuse qui interdit toute représentation du Prophète : on n'y trouvera donc aucun dessin de Mahomet.

Tribu
Plusieurs familles forment un clan, et l'ensemble des clans est regroupé dans la tribu, sous l'autorité d'un même chef. La tribu marchande des « Qoraysh », des « Requins », domine La Mecque au moment de la naissance de Mahomet.

Abou
Mot qui signifie « père de... » et qui sert à former un surnom. Le nom propre de l'oncle de Mahomet voulait dire : « Serviteur de la déesse Manaf ».

Morale
Définition du bien et du mal.

La bonté de Mahomet ➔
Mahomet manifeste sa bonté en affranchissant son esclave Zayd et en l'adoptant comme s'il était son propre fils.

commerce et idolâtrie

Au VIIe siècle, la ville natale de Mahomet, La Mecque, est le grand carrefour commercial de l'Arabie. Quelques familles amassent de fabuleuses fortunes en **commanditant** des caravanes qui longent la mer Rouge ou le golfe Persique.
Face à ce prodigieux enrichissement, Mahomet regrette que disparaissent souvent la solidarité et la générosité qui réglaient autrefois la vie des tribus.
Les riches marchands deviennent avides et orgueilleux : l'argent leur tient lieu d'idéal et l'égoïsme de morale.
La fortune de La Mecque vient également du très grand nombre de pèlerins qui s'y rendent pour adorer les **idoles de la Ka'ba.**
A côté d'Allah, le plus grand de tous, il existe en effet pour les Arabes une multitude de dieux.
Mahomet, lui, se montre sensible à certains récits religieux qu'il entend au cours de ses voyages : Dieu est unique et il a révélé sa Loi aux **prophètes,** lui affirment les juifs. Dieu a envoyé le Christ sur terre pour sauver les hommes, lui expliquent les chrétiens.
L'idée qu'il puisse y avoir un seul Dieu capable de communiquer sa volonté aux humains trouble profondément Mahomet.
Il décide de se retirer, la nuit, dans une caverne de la colline de Hirâ, près de La Mecque, pour méditer...

Commanditer
Avancer de l'argent à une entreprise commerciale (une caravane, par exemple), pour faire des bénéfices. Ces derniers peuvent atteindre 50 à 100 pour 100 en Arabie au temps de Mahomet.

Idoles de la Ka'ba
Statuettes en bois placées dans un temple de forme à peu près cubique. « Ka'ba » signifie « cube ».

Prophètes
Ceux auxquels Dieu révèle sa volonté et dévoile ses manifestations futures.

Un dinar

Un spectacle choquant
Les rues de La Mecque grouillent d'activité : chacun vend, achète, croit pouvoir obtenir des idoles le bonheur et la richesse.

la nuit du destin

Peu à peu, dans le silence de la nuit, à l'intérieur de la caverne où il s'est retiré, Mahomet éprouve le sentiment de la présence de Dieu. Une nuit, une voix lui dit : « Tu es l'envoyé d'Allah ! » Alors, Mahomet est terrifié. Il va jusqu'à douter de lui-même. Puis, la voix ne se faisant plus entendre, il ressent une effroyable angoisse. Le plus sombre désespoir le gagne. « J'ai songé à me jeter du haut de l'escarpement d'une montagne », dira-t-il plus tard. Mais, la voix, à nouveau, retentit. Dans la nuit du 26 au 27 du mois de **ramadan,** Dieu déclare à Mahomet : « Récite, au nom de ton Seigneur qui a créé... » Et Mahomet énonce les premières phrases du message divin. Pourtant, il doute encore : ne délire-t-il pas ? N'est-ce pas un démon qui s'adresse à lui ? Comment savoir ? Khadidja, son épouse, à qui il confie son tourment, le conduit auprès de l'un de ses cousins, un sage pieux et instruit. Lorsque Mahomet lui fait le récit de son expérience, le **Hanif** dit : « Il s'agit de la Loi qui avait été révélée à **Moïse**. » Et, il ajoute : « Jamais personne n'a apporté ce que tu as apporté sans susciter de l'hostilité ! » Quel est donc ce message divin dont Mahomet est l'annonciateur ?

Ramadan
Neuvième mois du calendrier lunaire musulman.

Hanif
Ce terme désigne les Arabes qui, avant Mahomet, cherchent à se rapprocher d'un Dieu unique, sans, pour autant, adopter ni la religion des juifs, ni celle des chrétiens.

Moïse
Prophète juif qui a reçu, nous dit la Bible, les dix commandements de Dieu.

La nuit du destin ➔
Dans la caverne de Hirâ, Dieu révèle sa volonté à Mahomet et lui dit : « Récite, au nom de ton Seigneur... »

بسم الله الرحمن الرحيم
اقرا باسم ربك الذي خلق
خلق الانسان من علق
اقرا وربك الاكرم الذي
علم بالقلم علم الانسان
ما لم يعلم

le message

« Tout ce qui est sur terre passera, mais la face de ton Seigneur subsistera, glorieuse et vénérable », entend Mahomet. L'homme est misérable, face à la toute-puissance d'Allah, et l'orgueil des riches marchands Qoraysh semble donc dérisoire. Allah a tout créé : les éléments, les végétaux, les animaux et surtout, par le plus grand des prodiges, l'homme lui-même. Mais ce dernier peut suivre deux voies, déclare Dieu : celle de l'égoïsme et de l'indifférence, ou bien celle des vrais **musulmans,** faite de justice et de piété. Et, « quand le ciel se déchirera », au jour du **Jugement dernier,** ceux qui auront suivi le premier chemin, les méchants, seront suppliciés par le feu et l'eau bouillante. Les justes, au contraire, connaîtront le bonheur éternel dans de frais jardins, remplis de fruits magnifiques. Comment gagner le paradis ? Comment faire pour se montrer juste ? Il faut, dit Allah, donner une partie de sa fortune aux pauvres et ne pas mépriser ceux qui sont défavorisés. Sur des os de chameaux, des tiges de palmes ou des lambeaux de cuir, les proches de Mahomet s'empressent de consigner ces premiers éléments du **Coran.** De plus en plus nombreux, des esclaves, des pauvres, mais aussi de riches jeunes gens se convertissent à Allah. Comment vont réagir les Qoraysh ?

Musulmans
Ceux qui sont soumis à la volonté d'Allah.

Jugement dernier
Après la mort, l'homme comparaît devant Dieu comme devant un juge. En fonction des bonnes et des mauvaises actions de l'homme au cours de sa vie, Dieu choisit de le punir ou de le récompenser.

Coran
Ce terme veut dire « récitation ». Il désigne le recueil des paroles d'Allah rapportées par Mahomet.

Le début du Coran →
Les premiers fidèles de Mahomet notent avec soin le message divin qu'il énonce.

l'hégire

Les Qoraysh ont peur que les idoles de la Ka'ba, délaissées au profit d'Allah, n'attirent plus autant de pèlerins et donc d'argent à La Mecque. Ils craignent aussi que les tribus du désert prennent Mahomet pour chef, ce qui leur ôterait leur pouvoir. Les premiers musulmans subissent donc des insultes, des menaces. Les plus pauvres d'entre eux sont même persécutés : l'esclave Bilâl est attaché des heures, en plein soleil, un rocher sur la poitrine. Mahomet juge prudent d'envoyer ses amis se réfugier en **Abyssinie.** En Arabie, la renommée de Mahomet devient si grande que, bientôt, les habitants de **Médine** l'appellent. Les Médinois, rivaux des Mecquois sont depuis très longtemps divisés par des querelles de familles ; mais ils croient tous en Allah, et ils ont besoin de Mahomet pour les unir. Sur les conseils de ce dernier, peu à peu, les musulmans quittent La Mecque pour Médine. Mahomet se décide enfin à partir lui-même, avec son ami Abou Bakr. En septembre 622, ils parviennent en vue de Médine. L'année de l'**hégire** marque, pour les musulmans, le commencement d'une ère nouvelle. Mais, à Médine, de quoi vont vivre les émigrés ?

Abyssinie
Nom ancien de l'Éthiopie. Évangélisée au IVe siècle par l'Église égyptienne, l'Abyssinie était chrétienne et surnommée par les occidentaux qui cherchaient à y pénétrer : « Le royaume du prêtre Jean ».

Médine
Appelée alors Yathrib, cette ville est située à 350 km au nord-ouest de La Mecque. Elle abritait de nombreux juifs qui avaient développé des plantations d'arbres fruitiers.

Hégire
Ce mot signifie « émigration ». Le 16 juillet 622, date du départ de Mahomet pour Médine, marque le commencement du calendrier musulman.

Mahomet arrive à Médine
Les Médinois font un accueil enthousiaste à Mahomet accompagné par son ami Abou Bakr.

les devoirs du Musulman

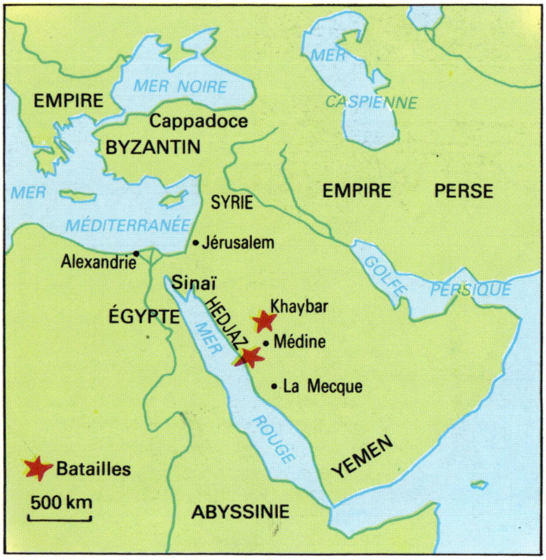

Au temps de Mahomet, l'Arabie est un immense désert que les caravanes parcourent d'oasis en oasis.

Le premier devoir du musulman est de croire en la profession de foi qui ouvre le Coran : « Il n'y a de Dieu qu'Allah et Mahomet est son prophète. »

Cinq fois par jour, à l'aube, à midi, au milieu de l'après-midi, au crépuscule et au début de la nuit, après s'être purifiés par une aspersion d'eau ou de sable, les musulmans se tournent vers La Mecque pour prier. C'est leur second devoir.

Une fois au moins dans sa vie, le fidèle musulman doit se rendre en pèlerinage à La Mecque. Ceux qui accomplissent ce devoir et qu'on appelle « hadji » ont, de retour chez eux, un grand prestige.

L'aumône légale s'apparente pour les musulmans à une purification. A l'origine, elle se montait au dixième des revenus. Elle est très pratiquée, malgré la pauvreté de nombreux pays musulmans, et constitue un signe de fraternité.

mars 624 victoire du puits de Badr

Mahomet, chef de guerre

A Médine, Mahomet et les musulmans n'ont d'autre ressource que l'aumône. Ils décident donc d'attaquer et de piller les caravanes Qoraysh qui passent à une centaine de kilomètres de la ville. Ces **razzias** enrichissent très vite Mahomet et ses compagnons. Mais, en 624, un riche Qoraysh, Abou Sofyan, apprend que trois cents pillards médinois vont attaquer sa caravane à l'**oasis** de Badr. Aussitôt, il demande du secours à La Mecque. Les Qoraysh lèvent 950 hommes. Entre-temps, Abou Sofyan change de route : il évite de passer par le puits de Badr, où les Médinois le guettent, et longe la côte de la mer Rouge. La caravane se trouve donc hors de danger. Mais les Qoraysh veulent tout de même affronter les Médinois pour leur donner une leçon. Très habilement, Mahomet fait boucher tous les puits de l'oasis, sauf un devant lequel il dispose ses troupes. Il contraint ainsi ses adversaires à lutter sur un terrain qu'il a choisi. En prenant seul le commandement de ses hommes, alors que les Qoraysh combattent en ordre dispersé, Mahomet gagne la bataille. Les Médinois remportent un butin énorme auquel s'ajoutent les rançons des prisonniers. Aux yeux des Mecquois, Mahomet apparaît désormais comme un chef d'État redoutable. A Médine, son pouvoir reste pourtant fragile.

Razzias
Attaques destinées à procu
rer un butin. Elles étaien
considérées à l'époqu
comme légitimes et il y ava
rarement mort d'homme.

Oasis
Dans les déserts, ce sont de
régions où la présence d
l'eau permet quelques cul
tures comme celle des pal
miers-dattiers, par exemple

Une bataille décisive ➔
Commandés de manière efficace par un seul chef qu les enthousiasme, Mahomet, les Médinois remportent une éclatante victoire à Badr.

أكبر

Mahomet consolide son pouvoir

En 625, lors de la bataille d'Ohod, les Médinois, à leur tour, sont vaincus par les Mecquois : Mahomet lui-même est blessé. Cette défaite prouverait-elle que Mahomet n'est pas l'envoyé d'Allah ? A Médine, c'est ce que murmurent beaucoup de juifs et de **douteurs.** Mahomet apprend qu'une tribu juive complote contre lui. Il l'expulse de Médine. La plupart des juifs gagnent **Khaybar** et Mahomet confisque leurs biens. Il lui faut ensuite affronter de nombreux **cheiks** qui mobilisent des troupes contre Médine. Mais c'est à la fin du mois de mars 627 que surgit le plus grand danger : le Qoraysh Abou Sofyan, ennemi juré de Mahomet, se dirige vers Médine, à la tête d'une armée de 10 000 hommes. Les Médinois sont au plus 3 000 à pouvoir résister. Impossible d'affronter la puissante armée ennemie en une bataille rangée. Mahomet fait alors entourer la ville d'un fossé profond. Les Mecquois, ainsi réduits à l'impuissance, lèvent le siège au bout de trois semaines. Mais, entre-temps, ils ont tenté de persuader une tribu juive qui vit au sud-est de Médine d'attaquer les musulmans par-derrière. Après le départ des assaillants mecquois, Mahomet se retourne contre les juifs dont la fidélité lui semble suspecte.

Douteurs
Expression des chrétiens d'Éthiopie pour désigner ceux qui avaient une fo[i] tiède, hésitante.

Khaybar
Grande palmeraie juive fortifiée située à 150 km au nord de Médine. Mahomet s'en emparera en 628.

Cheiks
Chefs de tribus.

Une idée habile ➔
Grâce au fossé qui entoure Médine, les flèches des assaillants Qorayshites ne peuvent atteindre les assiégés.

Mahomet, les juifs et les chrétiens

Mahomet est déçu de voir que ni les juifs, ni les chrétiens ne veulent le reconnaître comme un prophète, à l'égal de Moïse et de Jésus.
Il estime que les juifs ne respectent pas leur **Loi** et que les chrétiens se montrent infidèles à l'Évangile.
Ces deux textes sont, en effet, les révélations d'un Dieu unique.
Pourtant, certains auteurs juifs prétendent que Dieu a eu un fils.
Les chrétiens attribuent cette qualité à Jésus.
Mahomet ne nie pas les miracles de Moïse ni la naissance surnaturelle de Jésus, mais, selon lui, Dieu, qui n'a jamais été engendré, ne peut avoir engendré un fils.
Mahomet se veut, enfin, un prophète **ommi,** c'est-à-dire envoyé par Dieu au peuple arabe.
Sa nouvelle religion n'est cependant pas exclusive, puisque le Coran affirme : « Les juifs, les chrétiens, quiconque croit en Dieu et au Jugement dernier, accomplit une œuvre méritoire : tous ceux-là trouveront leur récompense auprès de leur Seigneur... »

Loi
Pour les juifs, il s'agit des dix commandements qui furent gravés sur les Tables de la Loi.

Ommi
A l'époque de Mahomet, celui qui ne pratique ni la religion juive ni la religion chrétienne.

Les musulmans se réfugient chez les chrétiens
Les chrétiens respectèrent souvent les musulmans. Ainsi, le roi d'Abyssinie abrita certains compagnons de Mahomet, en 615, après les avoir écoutés expliquer leur religion.

Mahomet réformateur

A Médine, Mahomet n'est pas seulement le chef religieux et politique d'une nouvelle communauté dont le centre est la **mosquée.** Guidé par Allah ou par sa propre sagesse, il modifie aussi certaines coutumes arabes. Parmi celles-ci, l'une voulait que tout meurtre soit obligatoirement vengé par un autre meurtre. Cette vengeance en déclenchait toujours une autre et les **vendettas** étaient sans fin. Mahomet recommande de s'en tenir à la première vengeance. Si le meurtre a été involontaire, il conseille même d'accepter, à titre de réparation, une certaine somme d'argent. Beaucoup d'Arabes, trop pauvres pour pouvoir élever leurs enfants, leur donnaient la mort. Mahomet leur demande de ne plus le faire et d'avoir confiance en Allah. D'autre part, comme il y a à Médine beaucoup de femmes seules qui vivent misérablement, Mahomet n'interdit pas la **polygamie.** Ensuite, Mahomet réglemente l'héritage dans le sens d'une plus grande justice. Désormais, les biens ne peuvent plus être abusivement confisqués par les héritiers les plus puissants. Ils doivent être partagés entre tous les parents du disparu, y compris les femmes. Enfin, si Mahomet ne supprime pas l'esclavage, il recommande de traiter les esclaves avec humanité.

Mosquée
Lieu de culte et de ren contres pour les musu mans. La plupart des mos quées comportent des cou poles et des minarets, sorte de tours du haut desquelle un homme, le muezzin appelle à la prière.

Vendettas
Vengeances collectives Tous les membres de l famille d'une victime est ment devoir le venger.

Polygamie
Pratique consistant pou un homme à avoir plusieur épouses en même temps. C fut le cas de Mahomet lu même.

La fin d'une coutum cruelle
Un disciple de Mahome arrête le meurtre d'un nou veau-né. « Faites confiance Allah qui apportera à cha cun de quoi subsister », di il aux parents.

la civilisation musulmane

Le Coran a amélioré le sort des femmes (droit à l'instruction, à l'héritage), mais Mahomet a recommandé qu'elles vivent voilées.

Averroès fut un grand philosophe et médecin hispano-arabe du XIIe siècle. La science arabe était la plus avancée du Moyen Age.

Les jeunes musulmans étudient le Coran sous la direction d'un professeur. Cet apprentissage est essentiel pour eux puisque le Coran est non seulement un livre religieux, mais aussi un ouvrage d'histoire, en même temps qu'un traité de droit et de morale.

Avant Mahomet, les Arabes venaient adorer à la Ka'ba une pierre sacrée. Selon la tradition, c'est Abraham qui aurait créé le rite du pèlerinage.

L'art musulman a subi diverses influences. Les arcs de la mosquée espagnole de Cordoue sont empruntés à l'art des Wisigoths.

Le minaret est un élément essentiel de l'architecture des mosquées. C'est là que le muezzin chante l'appel à la prière.

retour à La Mecque

En mars 628, Mahomet décide de partir pour La Mecque afin d'accomplir un pèlerinage à la Ka'ba.
Le Prophète ne cherche pas l'affrontement. Il installe un **bivouac** près de la ville et engage des négociations avec les Qoraysh. La paix est signée pour dix ans.
Les musulmans obtiennent le droit de se rendre librement, dès l'année suivante, en pèlerinage à La Mecque.
Mahomet se trouve donc reconnu et le culte d'Allah toléré.
En 629, accompagné par 2 000 hommes, Mahomet se rend à la Ka'ba. Son esclave, Bilâl, monte sur le toit du Temple et lance l'appel à la prière.
Mais, à la suite d'une vendetta, Mahomet met fin à la paix et forme une armée de 10 000 hommes qui, en janvier 630, met le siège devant La Mecque.
Les Qoraysh choisissent alors de capituler, d'autant plus que Mahomet leur a promis, en ce cas, le pardon. Le 11 janvier 630, le Prophète pénètre en vainqueur dans la ville qui, autrefois, l'avait rejeté. Il détruit toutes les idoles, mais n'impose à personne le culte d'Allah.
Deux mois plus tard, Mahomet regagne Médine. Des limites de l'**Empire byzantin** et de l'**Empire perse** jusqu'au golfe Persique et à la mer Rouge, l'Arabie tout entière se soumet progressivement à Mahomet et au culte d'Allah.

Bivouac
Campement provisoire en plein air.

Empire byzantin
Successeur en Orient de l'Empire romain, ce puissant État tombera, en 1453, sous les coups des musulmans turcs.

Empire perse
C'est la seconde grande puissance politique du Proche-Orient au temps de Mahomet. Il sera détruit par des musulmans arabes en 642.

Coupole et minaret

Une foule nombreuse ➔
En 629, deux mille musulmans sont venus, avec Mahomet, prier autour de la Ka'ba.

le pèlerinage de l'adieu

Au début de l'année 632, le Prophète retourne à La Mecque. S'adressant à la foule de ses fidèles, Mahomet rappelle les grands principes de l'**Islam.** Il insiste sur l'égalité qui doit régner entre tous les hommes : « Tous, vous descendez d'Adam, dit-il, le plus noble d'entre vous aux yeux d'Allah est le plus pieux. Un Arabe n'a supériorité sur un non-Arabe que par la piété. » Deux mois après ce pèlerinage, appelé plus tard « Le pèlerinage de l'adieu », Mahomet est saisi par la fièvre. Après quelques jours de souffrance, il meurt à Médine. Les musulmans sont surpris par cette mort rapide. Abou Bakr doit leur rappeler que Mahomet était un simple mortel, que sa mort ne change rien pour ceux qui croient en Allah. Dans les siècles qui suivent, les Arabes font la conquête d'une grande partie du monde et y répandent l'Islam. Aujourd'hui, 900 millions de musulmans, presque tous **sunnites** ou **chi 'ites,** honorent celui auquel Dieu choisit de s'adresser pour faire connaître aux hommes sa volonté. Mahomet eut le courage, seul contre tous au début, d'affronter les hommes et les idées de son temps. Il a rempli sa tâche avec une énergie admirable : son message, le Coran, a modifié le cours de l'histoire et marqué le destin d'une grande partie de l'humanité.

Islam
Ce mot qui signifie « soumission à Dieu » désigne la religion des musulmans.

Sunnites
90 pour cent des musulmans actuels sont sunnites. Ils respectent les paroles de Mahomet et les coutumes de la première communauté de Médine. Ils reconnaissent les quatre premiers successeurs de Mahomet.

Chi 'ites
8,75 pour cent des musulmans actuels (principalement répandus en Iran et en Irak) sont des chi 'ites. Ils considèrent comme véritable successeur de Mahomet son gendre Ali et ses descendants. Pour eux, le 12e descendant, disparu en 873, reviendra à la fin des temps.

Le chagrin et l'inquiétude
Après la nouvelle de la mort de Mahomet, Abou Bakr rassure ses disciples.

EUROPE
MER NOIRE
MER
CASPIENN
Istanbul
(Constantinople)
TURQUIE
MER
Cordoue
Kairouan
TUNISIE
MÉDITERRANÉE
LIBAN
SYRIE
Damas
IRAK
Bagdad
JORDANIE
KOWEIT
Golfe
Persiq
QATAR
MAROC
ALGERIE
LIBYE
Le Caire
ÉGYPTE
ARABIE
Médine
MER
La Mecque
SÉOUDITE
MALI
MAURITANIE
NIGER
Tombouctou
TCHAD
SOUDAN
ROUGE
YEMEN
SUD YEMEN
DJIBOUTI
ÉTHIOPIE
AFRIQUE
SOMALIE
OCÉAN
ATLANTIQUE